saar en

Ben Kuip...

Tekeningen van Helen van Vliet

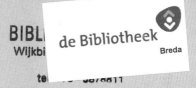 Zwijsen

saar

poes
saar

poes

kom maar bij me, saar, zegt saar.
dat doet haar poes.
saar pakt een pen.
jij heet saar.
jij heet -s-,
jij heet -aa-,
jij heet -r-.
en jij bent een poes.
een -p-,
een -oe-,
een -s-.
saar kijkt naar -p- en -oe- en -s-.
daar maak ik ook soep van!
-s- en -oe- en -p-.

soep! roept ze.
van poes maak ik soep.
-p- -oe- -s-.
s- -oe- -p-.
saar zegt het drie keer.
wat! wat! wat! ze roept het uit.
daar zit geen poes meer.
poes saar is weg.
er is soep.
mmm, wat geurt die soep.
saar neemt een hap.
en nog een.
ze eet de soep op.
dan is er geen soep meer.
en er is geen poes meer.
wat erg, zeg!

tak

poes saar is weg.
en de soep is op.
erg, erg, erg.
saar gaat haar huis uit.
weg, weg, weg.
ze gaat naar het park.

saar is daar.
ze hijst haar broek op.
dan ziet zij een tak.
daar in het gras.
de tak komt van een boom.
die boom is een berk.
saar kijkt naar de tak.

tak, zegt ze.
-t- -a- -k-.
en ze zegt kat.
-k- -a- -t-.
dat zegt ze drie keer.
en die tak is een kat!
wit met zwart is ze.
die kat is niet poes saar.
nee hoor.
de kat rent nog weg ook.
net een speer.
weg van saar.
saar hijst haar broek weer op.

mier

die kat is weg.
de soep is op.
en saar is er niet meer.
saar mist saar erg.
in haar oog komt een traan.
saar hijst haar broek op.
die zakt.
niet erg, maar vaak.
ook dat is naar.
maar wat doet ze er aan?
dat hoort bij die broek.
die zakt.
hij doet het weer.
saar hijst hem weer op.

ze doet een stap.
en dan niet meer.
zag ze een mier?
saar kijkt.
het is een mier.
saar weet wat.
zij doet wat aan die broek.
saar zegt: -m- -ie- -r-.
en ze zegt: -r- -ie- -m-.
ze zegt het drie keer.
de mier is geen mier meer.
de mier is een riem.
naar voor de mier.
maar niet voor saar.
de broek zakt niet meer.

raas

die kat is weg.
poes saar is weg.
en de soep is op.
wat erg, wat erg, wat erg.
maar de broek zakt niet meer.
saar is nog in het park.
daar ziet ze weer een tak.
die komt van een beuk.
saar raapt de tak op.
dan rent hij niet weg.
tak, zegt ze weer.
-t- -a- -k-.
kat, zegt ze weer.
-k- -a- -t-.

drie keer zegt ze het.
weer maakt ze van een tak een kat.
die kat is net saar!
ze is het ook net niet.
ik noem je raas, zegt saar.
raas.
dat is je naam.
-r- -aa- -s-.
dat is haast saar.
-s- -aa- -r-.
saar wiegt raas een keer.
en dan doet ze het.
-r- -aa- -s-, zegt ze.
-s- -aa- -r-, zegt ze.
drie keer zegt ze het.
en raas is saar.

dag saar, roept saar.
zij kust saar op haar kop.
poes saar is er weer!
saar neemt haar mee naar huis.
daar hoort ze.
poes saar hoort bij saar.

Raketjes bij kern 5 van Veilig leren lezen

1. saar en saar
Ben Kuipers en Helen van Vliet
Na veertien weken leesonderwijs

2. rot kat en rot rat
Selma Noort en
Harmen van Straaten
Na vijtien weken leesonderwijs

3. ik en mijn borg
Femke Dekkers en
Dorus Brekelmans
Na zestien weken leesonderwijs

ISBN 90.276.7816.2
NUR 287
1e druk 2004

© 2004 Tekst: Ben Kuipers
Illustraties: Helen van Vliet
Uitgeverij Zwijsen Algemeen B.V. Tilburg

Voor België:
Zwijsen-Infoboek, Meerhout
D/2004/1919/514